뜨거운 건 왜 눈물이 날까

김회권 시집

문학의전당 시인선
0311

뜨거운 건 왜 눈물이 날까

김회권 시집

문학의전당

시인의 말

도약하는 집착들 가운데서
네가 항상 우선이었다.

탈선의 욕구와 궤도를 찾고 싶은
욕구, 그 사이
열망과 몽상은 늘 흐릿했다.

이제 너를,
고정된 말뚝에 그만 비끄러매고 싶다.
삶이 영원으로 흘러가듯

2019 여름 운천골에서
김회권

차례　　　　　　　　시인의 말

제1부

오래된 술　13
가볍고 하찮아 보이던　14
뜨거운 건 왜 눈물이 날까　16
엎어진 개밥그릇　18
터무니없는 요구　20
보증금 빼내 얻은 첫날　21
농부　22
어느 청개구리의 죽음　24
귀한 작대기　26
바닥난 쌀독　28
노잣돈 꾸러 가는 날　30
노인과 아이　32
나물 파는 할매　33
수수밭에서 생긴 일　34
불경한 손모가지　36
우아한 도둑　38
그리운 아줌마　40

늙은 집 42
붉은 죄 44

제2부

민달팽이의 꿈 47
외상값 갚는 날 48
부처를 놓치다 50
고니를 쏘다 52
지게 54
이사 가는 날 56
매 맞는 강 57
여우 같은 여자 58
달밤 60
서울로 가는 황소 62
인정 많은 봄날 정오 64
집 부수는 날 66
사랑 68
시간의 뒤쪽 69

미친 그리움 70
누군가 나의 안부를 물어올 때 72
등나무 74
절밥 얻어먹기 76
꽃 78

제3부

사병과 나비 81
입속의 붉은 칼 82
새 84
무명 시 86
담쟁이 88
개가 짖는 이유 90
진도 바닷길 1 92
진도 바닷길 2 93
진도 바닷길 3 94
홍시 95
머릿속 휑한 날엔 96

소낙비 오기 전 98

보름달 100

회산 백련지 102

사라진 땅 104

위대한 가장(家長) 106

가오리연 108

시가 사라졌다 110

해설 | '인간적' 리얼리즘으로 빚는 주체의 해방 111
유인실(시인·문학평론가)

제1부

오래된 술

나 즐겨 먹던 술은 막걸리
엄니와 오래도록 나누었던 술도 막걸리

나 장가들고 고향집 파란 대문 밀치고 들어서면, 엄니는 술 좋아하는 아들놈 뭐 이쁘다고 매양 김이 모락모락 나는 씨암탉에 막걸리 한 사발부터 툇마루에 내놓으셨지 나는 참 경우 없게 그 막걸리 단숨에 쭈룩 마시믄, 엄니는 된장 찍은 풋고추 들고 계시다가 아범아, 고추가 얼얼하니 매웁걸랑 한 사발 더 하거라이 내 한입 덥석 넣어주곤 다시 거푸 따라주셨지 그 엄니 뇌출혈로 자리에 눕고 내 술상은 간데없이 치워지고 엄니와 나눴던 막걸리는 끝내 누룩 되고 말았네

세월은 속절없이 흘러
나 홀로 따르는 술잔마다 차고 고이는
아, 엄니의 얼굴
이제 더는 목메어 못 먹것네

가볍고 하찮아 보이던

어쩌다가 흘렸을까
장바닥에 흩어진 콩알들을 주워 담는
젊은 아낙
그 아낙 성긴 머리 위로 낮달이 차다

저 흩어진 콩알들
지나는 뭇발길에 행여 채일세라
좌우 사방 뻗친 손끝이
석양 노을빛 속으로 날아드는 비둘기 같다

한데 저 몇 안 되는 콩알들
그냥 버려도 아깝지 않겠고
담아도 몇 푼 될 성싶지 않겠는데
차라리 기웃하며 지나는 길손들 불러
남은 곡물들 흥정함이 더 나을 성싶은데
아낙네야, 아낙네야,
손 시리게 떨리게 주워 담는가

내 어쭙잖은 생각이 불경스러웠나
아낙의 손끝이 파르르 떤다
그래 어쩌면 저 콩알들
아낙의 질긴 일 년 농사 끝에 거둔 일용할 양식일 것이고
배고픈 식솔들 귀하디귀한 밥일 거란 생각

가볍고 하찮아 보였던 콩알이
일순간 우주만 하다

뜨거운 건 왜 눈물이 날까

손꼽아 기다렸던 설 아침이었지요
어머니는 김이 모락모락 나는 하얀 쌀밥에 쇠뭇국을
놋그릇에 그득 담아
우리 어린 오 남매를 아랫목 동그랗게 불러 앉혔지요
눈 환하게 와 닿는 그 맛이라니, 음식이 입으로 가는지 코로 가는지
오물거리는 어린 입과 둥글게 말아 쥔 꼬막손을
어머니는 마냥 흐뭇이 바라보며,
오메 저것 보소, 입속에 밥 들어가는 저것 좀 보소!
당신도 입 안 가득 뽀얗고 뜨건 행복을 꼬옥 물고 계셨지요

이제와 생각하면 사람 사는 게 다 먹고 살자는 일이지만
마른 논바닥에 물 들어가는 것과
자식들 입에 밥 들어가는 거야말로
세상천지 가장 보기 좋은 풍경이라던 어머니
뉘 볼세라 돌아앉아 쿡쿡 옷소매로 눈물 찍어내셨지요

오늘 그 반가운 날이 와

그 맛있다는 쇠뭇국과 김이 모락모락 나는 다순 쌀밥을 조반상에 올려놓고
　나는 한입 가득 뜨다 말고
　또 한입 뜨다 말고
　알다가도 모르게 자꾸 자꾸만 입술 깨무는지
　젖은 눈꺼풀만 공허니 끔벅거리는지

　뜨거운 건 왜 눈물이 날까

엎어진 개밥그릇

부여 고란사 법당 아래 개밥그릇이 달싹 엎어졌다
근 삼년 차 되는 백구의 밥그릇이다
백구는 벌써 반나절 넘게
제 빈 밥그릇 일으키려 안달이다
콧등으로 밀고 앞발로 당겨도 끄떡없다
이빨로 물고 제쳐도 소용없다

살아온 이력이 온통 이빨이었던 백구
이빨 하나로 야무지게 세상을 짖어댔던 백구
줄창 물고 뜯고 잡아당기나
단박 물리기커녕
흐물흐물 빠져나가는 반구형(半球形)
당최 뒤집혀지지 않는 막사발
제 주둥이 메치기며 굳히기도 먹히지 않는다
이빨 하나로 버텨왔던 이력이 무참하다

한데 저 밥그릇 일으켜 뭐에 쓰려나
백날 뒤적여도 속 파먹을 무엇 없겠고

매양 일으켜봤자 뜨건 공기만 수북할 터
한데 백구의 품새 그게 아니다

엎어진 제 밥그릇 더도 덜도 말고
반나절만 요리조리 툭툭 밀고 당기다 보면
고란사 허기진 낮밥 공양쯤이야
진달래꽃 잘근 씹어대는 배곯은 동자승보다야
더 거뜬히
건너뛸 수 있다는 꼼수, 그것 아닐까

영락없다, 저 하는 꼬락서니

터무니없는 요구

 근 삼 년 철공장 철가루 들이마시며 어렵사리 모은 목돈 삼백만 원 그 금싸라기 같은 돈을 홀라당 떼어먹고 줄행랑친 친구 놈을 화순 공용버스터미널 옆 칠성목욕탕에서 홀라당 깨를 벗고 맞닥뜨렸다 벼르고 별렀던 놈, 만나기만 하면 당장 패 죽이고 싶던 녀석이 불쑥 내게 건넨 말, 미안하이, 내게 남은 거란 이 불알 두 쪽밖에 없네 그려 나는 그 뜬금없고 황당한 소리에 놈의 거시기를 황망히 내려 봤을 거고 놈의 거시기는 참 도도하고 당차게 고갤 뻣뻣이 세우며 날 째려보는 게 아닌가 순간 기가 팍 죽은 나는 엉겁결, 긍게 시발놈아, 그 한 쪽이라도 지금 당장 내놔야 할 거 아니어!

 세상 허다하니 쌔고 쌘 말 중
 왜 하필 그때, 그 말이 툭 튕겨 나왔을까?
 그도 나도 멋쩍어
 병신처럼 히죽히죽 웃고 말았네

보증금 빼내 얻은 첫날

얇은 보증금 빼내 얻은 첫날
다섯 식구 해먹을 양식 꾸러미 펼쳐놓고
겨울 화초처럼 들어앉는다
그러다 문득,
지난 나의 안부를 묻다가
내게도 이처럼 바람막이 같은
벽 하나 있다면 얼마나 좋으랴
그리 생각하다가
내가 만난 세상은 어디고 만만치 않고
또 세상에 갚아야 할 것들 많아
오늘의 이 낡고 비루한 삶이
내 생의 마지막 보루라 입술 깨물며
보증금 빼내 얻은 첫날
냉기 뻗친 삭은 벽에 기대어
쪽창에 스민 햇살 몇 가닥 심지로 엮어
몸 뜨겁도록 불을 댕긴다

농부

비알진 땅이 빵만큼 부드럽다
둔덕 타고 올라온 바람이 땀을 씻길 때
농부는 조용히 허리를 편다
다정도 하게 흙에 두 발을 묻고
뜨건 태양을 등에 짊어진 농부는
삶이 매양 태양처럼 뜨겁다
엄마가 아기의 여린 볼을 쓰다듬듯
마디 굵은 구릿빛 손마디, 그 때 낀 손톱은
땅을 일궈먹기에 최고의 도구다
부모가 남긴 재산이다
금방 갈아엎은 땅에 숨을 불어넣고
씨앗을 넣고
다가올 결실을 향해 묵례를 하고
싸맨 머릿수건을 풀고서
그제야 옷자락의 흙뭉치 훌훌 떨며
도랑 밖으로 걸어 나올 땐
세상의 소란 따위 근접 못할
농부의 주름진 이마는

금방 일하고 나온 밭고랑보다 깊다
지난밤에 뒤척였던 옅은 잠
고랑 깊이 다독여 묻었으니
금야의 귀뚜리 소리야
서산마루 저녁놀 물들이는 소리 같겠고
뒤란 수런대는 댓잎이야
삼월 봄바람에 팔랑이는
배추흰나비 그 날갯짓 아니겠소

어느 청개구리의 죽음

참 늦은 고백입니다

지난 초여름이었지요 논물 찰방찰방 들어찬 논두렁에서 앙증맞게 생긴 청개구리 한 마리를 잡아왔습니다

그 개구리 수족관에 한 종발의 물을 떠 넣고 재미나게 살아보라 했지요
어스름 창가 달빛 젖어들면 청아하니 울려 퍼지는 개구리 울음소리라니, 나는 마치 논 몇 마지기 머리맡에 공짜로 둔 기분이었지요

그 청개구리 언제부턴가 눈 갈 새 없이 면면한 벽을 타기 일쑤였지요 그렇게 서로 찾고 숨는 무료한 숨바꼭질과 지질한 싸움은 그칠 날 없었지요

그런 어느 날, 베란다 창문을 여는데 개구리가 한순간에 창밖으로 뛰어내리지 뭡니까
'개구리가 창밖으로 뛰어내리다'

그게 자유를 향한 포효인지, 죽음의 탈출인지 명명할 수 없지만 그 후, 내 죄를 캐고 묻는지 혼령처럼 내 머릿속에 들어앉아 울어대는 겁니다
 주야장천 영영 떠나질 않습니다

귀한 작대기

이로써 나는
긴 작대기를 머리맡에 두었다
진종일 볕 한 조각 들지 않고
바람 한 점 없는 음습한 천장에 들어
일 년 열두 달 시도 때도 없이
질기디질긴 어둠을 파먹는 서생원들
나는 저들의 소행을 곰곰이 생각해보건대
저문 이 하루도 어제와 별반 다름없고
살고 살아지는 게 늘 마음속 휑하거늘
쌀 한 톨 없는 마른 천장에 들어
복창 터지게 머릿속 허옇게 난장을 쳐대야 하는지
차라리 맵싸하고 짭짤한 내 가난이나
속 시원히 물어나 가면 오죽 좋으련만
저 달리
나 여기 뜨면 갈 곳 없고
먹여야 할 식솔들 또한 많은 것을
저것들은 알기나 할까
하여 내 오만궁리 끝에 고작 할 수 있는 일이란

기인 잣대기로 꾹꾹,
마른 천장을 내찌르는 건데
요사이 그 맛도 쏠쏠히 재미 붙어
빈둥빈둥 일 삼아 밤낮으로 찔러보는 건데
이런 내 맘 알까 모를까, 아내는
당장 천장에다 판때기를 대던가
아랫초시로 이사를 가던가
금일 양자 택하라며 화악 걷어차 버린다
내 귀하디귀한 작대기를

바닥난 쌀독

싸라기 같은 풋눈이 푹푹 나리는 밤
봉재공장에서 야근하고 돌아올
아내를 위해
다순 밥 한 끼 지어줄 요량으로 쌀독을 연다

눈 앞 깜깜히 와 닿는 바닥난 쌀독
백년 묵어 마른 우물 속 같다
좀 더 고개 처박으면
함지박 눈물로 가득 채워질 것 같다

손 뻗쳐 거머쥘
쌀 한 톨 없는 그 막막함이
밤사이 날랜 쥐 한 마리 파먹은
닭 똥구멍 같다

낡은 서랍장 위 체납용지들
묵은 빚 받으러 온 자처럼 붉으락푸르락하고
창밖 시린 눈발 가득 뒤집어쓴

감나무의 홍시 한 알

아, 저 삼십 촉 알전구 같은 것을
하나 뚜욱 따
호로록 빨아 삼키면
내 차고 어둔 방 조금은 환해지려나
설운 뒷그림자 얼마큼 물러서려나

창밖 몰아치는 눈발은 먹잘 것 없이
밤새 푹푹 내려 쌓이고

노잣돈 꾸러 가는 날

옥탑방에 난데없는 부음이 날아왔다
한 시절 배경도 빽도 없이 뜨내기로 만나
너나없이 지냈던 박氏,
면회도 없는 곳 잘 가시게나
노잣돈 꾸러 밖을 나서자
반갑지 않은 삼월의 싸락눈이 나린다
질퍽한 마음 차고 고이는 게
뭐랄까, 끌어안지도 내치지도 못할
지독한 외로움이랄까, 슬픔이랄까
돌아보면 인생이란 소금기 하나 없는 비릿한 맹물 같고
어느 날 황망히 놓쳐버린 한여름 밤의 꿈같아
터벅터벅 노잣돈 꾸러 가는 길
내딛는 발은 마냥 헛돌고
질긴 맞바람은 가슴 싸늘히 차고 들어
눈 익은 선술집 턱 낮은 문턱에 드니
낮술에 거나한 주인장 봉규 형은
적적했던 참에 마침맞게 왔다며
덥석 잡은 손에 대폿잔부터 내민다

울적한 마음 봇물 터지듯 단숨에 들자
다시 연거푸 따르는 술
내 속엣것 하고픈 말은 천길 소용돌이치고
몇 순배 돌고 도는 술잔에 몸은
스르르, 스르르,
춘삼월 봄눈 녹듯 녹아내리고

노인과 아이

조금 늦가을이었고, 조금 늦은 오후였다

한 노인이 안개처럼 졸고 있는 구멍가게로 손자인 녀석을 데리고 들어섰다 노인의 굽은 등에는 낡고 곰삭은 노을빛이 한 짐이었다

진종일 지하철 난간에 쭈그리고 앉아 건진 몇 푼의 동전과 지폐 몇 장을 노인은 때 낀 손으로 꽃잎처럼 펼치며 달걀 하나, 라면 두 봉지를 건네받았다 바로 그 뒤편, 턱 낮은 미닫이 창 문살에 땟국물 자르르한 얼굴로 빛나는 저녁상을 꿈꾸는 아이의 눈빛은 무량하니 행복이 감돌았다

두 사람 손깍지 끼며 껑충껑충 오르는, 그 껌벅이는 외등 사이 등 굽은 오르막길은 세상천지 먼지 한 톨 세움 없었다 순간 나는, 양동시장에 가서 막걸리 한 사발과 국밥 한 그릇이 먹고 싶었다

나물 파는 할매

 정월의 시린 눈발이 모로 날리던 날 양동시장 육교 난간에 쭈그리고 앉아 싸맨 보자기 서너 개 풀어놓고 진종일 나물 파는 할매

 푸성귀 같은 여린 세월 바닥에 쏟아붓고 더러 날씨 따라 운도 쳐야 하는 그 삶의 애환 구차하나 지나는 손님과 맞댄 얼굴빛은 어찌 저리 화사할꼬, 박꽃처럼 활짝 웃다가 주름진 얼굴이신가

 내리는 눈은 하염없이 푹푹 쌓이고 그 쌓인 눈발 속에서 하얀 도화지처럼 변색하는, 세상모르게 한 송이 백화로 마악 피어나는, 꽃다운 그 한 사람을

 나는 보았네

수수밭에서 생긴 일

내 어찌 창피함을 모르겠는가
휘청거리는 오후
달리는 관광버스 급히 세워
참았던 오줌보 움켜쥐고
웃자란 수수밭으로 뛰어든다
사렸던 오금 사르르 풀리자
함지박 쏟아지는 오줌발
천지간 노랬던 얼굴에 금세 핏기 돈다
바로 그때,
눈앞 놀란 장끼 한 마리
푸드덕 날자
뒤쫓던 암꿩이 한 마리
밉상 하니 치켜뜬 눈으로 날 노려본다
바람 한 점 기실 없는 음습한 수수밭
그 움찔 않던 수숫대가
난데없이 양옆으로 갈리고
그 새로
속곳을 추키며 머쓱히 걸어 나오는

젊은 아낙
나는 그만 화들짝 놀라 버벅대고
그 아낙 참 순발력 좋게
싸맨 머릿수건 눈가로 쓸어내리며
오메, 웬 볕이 이리 따갑노! 한다
그럴까, 정말 볕만 따가울까

불경한 손모가지

아내도 자식도 없는 시린 새벽녘
차고 쓸쓸한 벽창 사이로 스며든
곰삭은 햇살 몇 가닥 뽑아 버무린
조촐한 밥상

가부좌 틀고 앉아
첫술을 뜨자
우두둑,
입속 비릿하니 바서지는 파열음

삼킬 수도 뱉을 수도 없는
지독한 막막함이
어둔 내 뒷그림자 꽁무니 같다
쓴 약 말아 삼키듯 울컥 넘기자
때 아닌 세간난 살림인 양
밥상 아래 외따로 흘린
눈물처럼 희멀건 콩나물무침 한 가닥

내 오래 품었던 의중과 달리
덥석,
유례없이 손끝에 잡히는
아, 긍지도 자부도 일체 놓아버린
불경한 손모가지여,

뜨건 목울대 가득 맹물을 붓다

우아한 도둑

퇴근길 키 작은 담장 너머로
쫑긋 고개 내민
빨간 장미꽃 한 송이

오메 반가워라,
눈 환하게 와 닿는 마음
꽃보다 더 붉네

우아하니 두 발 곧추세워
내민 손끝에
난데없이 와 닿는
고함 소리,

—이보소, 왜 남의 꽃을 꺾고 그래싸요!

골목 먹먹히 울려대는
주인 아낙네의 낭창한 쇠갈음 소리
한데 이 맘은 왜 이리 청정할꼬?

오늘은 바로,
아내의 귀빠진 날

그리운 아줌마

매년 꽃피는 춘삼월이면
고향집 파랑 나무대문으로 들어섰던
경상도라 하는 꿀장수 아줌마
그 아줌씨 봇짐의 꿀단지 다 파실 때까지
우리 집 사랑방에 사나흘씩 묵으셨네
낮은 창가 어스름 달빛이 찾아들면
어머니와 아줌마는 잦아드는 호롱불 아래
밤새 환한 웃음꽃 피우셨지
그 아줌씨 꿀단지 다 팔고 가시던 날
어머닌 몹시 서운해 하셨지
또 일 년이란 세월 막막히 기다려야 했음이네
아줌씨가 가실 적에 남겨둔 꿀단지 하나
답례로 어머니께 드리면
어머닌 아니 받겠다며 옥신각신이고
그러다 쌈짓돈 꺼내 아줌마께 드리면
또다시 옥신각신
그런 어느 해부턴가 아줌씨 오시지 않았네
—필시 무슨 병이 도지셨나 보다. 안 그러고서야 올 때가

하마 지났는디……
　어머니는 아줌마 걱정에 매년 춘삼월이면
　까맣게 속을 태우셨네
　그러던 어머니
　끝내 노환으로 아줌마를 기다리지 못하셨네

　매년 춘삼월이면 봄나비처럼 훨훨 찾아들던 경상도라 하는 꿀장수 아줌마
　왜 오시지 않았을까?
　고향집 문을 스칠 때마다 생각나는
　그리운 아줌마

늙은 집

신작로 확장공사가 중단됐다
흙먼지 깔린 길 한복판 우뚝 막아 선
늙은 기와집 한 채
오래 버텨 힘 부친 양 널브러졌다
비스듬히 주저앉은 폼이
만성 관절염을 앓는 듯싶고
어찌 보면 영양실조 걸린 듯 희끄무레한데
동백기름 배인 토방마루는
주인 아낙의 손길인 양 번지르르하다
당최 물러설 기색 없는 집
연일 불도저며 포클레인이 문전까지 치닫고
흙구덩이 코앞까지 밀어붙여도 옴짝 않는 집
더 이상 뚫을 수 없는 길이 길을 잃자
긴 꼬리를 사린다
대체 저 집의 항구한 고집은 어디서 오는 걸까
바람과 물과 햇볕으로 버무려졌는가
안 그러고서야 어찌 저리 완고하단가
몇 날을 득달하고 간청해도 옴나위없다

한 치도 관통할 수 없는 집
백년 토박이로 터를 닦았다는 집
그래서 여기 뜨면 갈 데 없고
살아갈 재간도 없다는 집
간혹 밤이면 조상의 혼이 살아 꿈틀거려
귀신 소리가 으스스 난다는 집
이를 증명하듯 담장에 올라선
시퍼런 호박넝쿨들은 길길이 팔을 내젓고
토담굴뚝 머리 푼 시꺼먼 연기는
미친년마냥 들썩이며
신작로까지 뛰쳐나가 활개 친다
결국 이로써
마을 신작로 확장공사는 중단되었다

붉은 죄

낡고 어두운 벽장 속
깜깜히 갇혀버린
먼지 낀
이십 년 세월

어머님의 연분홍 분첩 통을 꺼내 열자
삭은 분가루 분분한데
곱게 분 바른 어머님의 얼굴
당최 떠오르지 않네

수백 번 가슴 내리찍어도
열 손가락 다 닳도록 문질러도
영영 지워지지 않는

어머님의 거울 속,
내 붉은 죄

제2부

민달팽이의 꿈

평생을 꿈꾸었다
한시도 잊은 적 없다

몸뚱이 하나 구겨 넣을
집 한 채 갖기를

삼백예순날
비 오면 비에 젖고
햇빛 창연하면
음습한 담장 밑에 들어

끝 간 데 없이 온몸 밀며 끌며
가도 가도
세상은 어둔 진창길이더라

갈래 갈래 열두 갈래
홀로 비에 젖더라

외상값 갚는 날

아내가 쥐어준 보일러 수리비 오만 원을 들고
장터 샛길로 들자 윷판이 한창이다
외람되게 자꾸 쏠리는 눈길
잘하면 공돈에 막걸리가 절로 굴러올 거란 생각
나는 마부에게 돈을 걸고
멍석에 쭈그리고 앉아
내 생애 가장 빛났던 날을 떠올리며
허공 가득 종기윷을 뿌린다
궁하면 통한다고 했던가
길들인 순한 양처럼 다소곳이 모이는 윷들
내리 세 판을 이기자 단박 손에 쥔 뭉칫돈
세상일도 이리 잘 풀리면 오죽 좋으랴
환희에 찬 나와 달리
뱁새눈으로 나를 흘겨보는 사내
이번 막판 덮어쓰기로 끝장내잔다
나는 이 판 이기면 매몰차게 일어서리라
그리하여 오늘을 시발로 몇 날 동안
아름다운 술고래로 즐겨 살리라

막장의 카드를 내보이듯 윷을 던지자
일제히 뒤를 쫓는 비릿한 눈빛들
바로 그때,
윷 하나 항로를 이탈하나 싶더니
맨땅에 곤두박질이다
순간 깜깜히 바서진 파편들
땅이 푸욱 꺼지다

부처를 놓치다

늙어빠진 산고양이 한 마리
순천 송광사 대웅전 돌층대에 옴나위없이 앉아
난해한 독경 소릴 듣는다
저 무안한 눈빛
반은 감았나, 떴나
삼월의 동백꽃마냥 치뜨고
기나긴 독경에 귀를 씻는데
나는 저와 달리
세속의 묵은 때 하나 벗지 못하고
패인 가슴의 골짝에 절 한 채 짓지 못한 채
오늘도 하루해 배웅 없이 보낸다는 게
어찌 민망도 하여 괜스레 민낯을 문대다가
가만히 절하는 궁상으로
내 손금의 행간을 곰곰이 헤아려보는 건데
조만간 관을 쓸 상 같고
말년은 뭔지 모르게 좋을 성도 싶어
이날까지 집이며 처자식들 나 몰라라
부질없이 시만 끼적이는 게

어찌 보면 세상에 죄 짓는 일보다 더하나 싶어
이래저래 심산한 마음 달래려
산고양이 앉던 자리 오도카니 앉아보는 건데
난데없게 찬 돌에 배인 이 온기라니
나는 그만 화들짝 놀라
이게 누구의 것인가
그 고양이가 바로 부처인가
달빛 한 점 기신없는 어둔 산을 한참이나 휘둘렀네

고니를 쏘다

징글맞을 기인 배암을 목도리마냥 두르고 연습했다는
이 나라 명궁(名弓)들의 소문이
세상 파다하니 떠돈 날
인력소를 공친 나는
물 풀린 샛강에 나가 고니를 본다

멀리 가까이
처연히 돌부리에 우뚝 서서
내 한 번도 겨냥 못한
과녁, 머언 허공 낮달을 향해
젖힌 겨드랑이에 검은 활촉
휘익 뽑아든 고니

내 예전 뒤틀린 맘에
시위하며 무방 쏘아댔던 그 빗나간 화살들은
지금
어느 가슴 시린 상처로 꽂혀
아파, 아파라 할까

잠잠했던 바람의 힘줄
일순간 출렁이고
몇 방울의 물, 돌부리에
툭 튕겨 오르자

팽팽한 허공 가르며
치솟는 화살

그러나 지상엔 상한 자 뉘 없다

지게

무슨 연고로 겨울 강에 들었을까
낡은 지게 하나 얼음장에 박혀 있다
한 치 미련도 회한도 없이
할 일 다한 성자처럼
오도카니 허공에 두 팔을 벌리고 있다

지지리도 가벼워 바서지기 쉬운
이 세상
오만 등짐들 다 벗어던지고
탱탱 얼어붙은 방죽에 들어
일생일대 마지막 등짐
저 차갑고 슬픈 천만근의 무게를, 널따란 얼음장을
고행의 십자가로 짊어지려는가

시린 어금니 까악 깨물며
두 주먹 불끈 말아
뼈 으스러지라
냅다, 얼음장 둘러메자

생애 첫날 퍼런 하늘이
쨍하고 갈라진다

이사 가는 날

끝내 버려도 하나 아깝지 않고
누가 집어간들 쓸모도 없을
넝마의 시간 트럭에 싣고
마른 흙먼지 몰며 오른 고갯마루

눈 와 닿는 곳은 가지가지 침묵이고
내딛는 땅은 낯설고 외진 타관
난 이제 어디로 가야 하나

멍하니 올려본 멀건 허공에
새 한 마리 날지 않는 그 허공에
이방인처럼 움쑥하고 창백하게 내걸린
쪽박 하나

어쩌다가 흘려버린
내 오래된 세간난 살림인 양
늦춤 없이 외떨어지지 않게
가도 가도 줄창 따라붙고나

매 맞는 강

저 여린 거 무슨 잘못했기로
대낮 땡볕 아래
쳐든 종아리 시퍼러니
종일 매를 맞나

오며 가며, 철―썩!
돌아서다, 처―얼―썩!

누가 좀 말렸으면 한데
저 낭창한 회초리 뺏어 들면 싶은데
물 밖 쫑긋 내민 푸르뎅뎅한 입술들
그저 이구동성으로,

오메, 좋은 거!
거참, 시원한 거!

여우 같은 여자

한 여자를 기다린다
샹들리에 불빛 출렁이는 카페에 앉아
여러 날 내 머릿속 헤적였던
나만의 여자

그 여자 아니 오고,
치자꽃 내음 물신 풍기며 스치는
앳된 여종업원의 허연 허벅살만
나는 망연히 비릿하게 좇는 것인데
그러다 마주친 눈빛엔 황망히 고개 젖혀
식은 찻잔을 홀짝이는 것인데

온다는 그 여자 아니 오고,
비라도 한바탕 무량으로 쏟아진다면
그 비 위무 삼아 심심찮게 창밖 내다볼 터
그러다 스치는 사람들 길흉화복 점치며
심심치 않게 시간 때울 터

나는 다시 가슴 울렁이는 그 여종업원의 허연 허벅살을
은은하게 좇는 것인데
그러다 또 마주친 눈빛에 황망히 얼굴 돌려
뒤를 보는데, 그렇게 뒤를 보는데

마냥 기다리고 기다렸던 그 여자가
내 속 깜깜하게 애태웠던 여자가
후미진 칸막이 뒤편에
붉게 홍조 띤 얼굴로
승냥이마냥 기인 혓바닥 쭈욱 내밀며
어느 젊은 사내의 볼때기를
징글맞게 쪼옥 쪽 핥아대고 있지 않은가

온다는 그 여자가
내 마음 온통 숯검정 되게 태워버린
여우 같은 고 잡년이!

달밤

가을 달밤이라 귀뚜리 우네

창밖 순연히 울어대는 저 귀뚜리
내사 시방 이리도 좋은걸
오던 잠 혜적인다며 아내는,
어이 좀 해보라 한다

창틀 넘나드는 저 달빛쯤이야
엄지손톱 하나로 가리고 남겠지만
이렇게 반가이 찾아든 귀뚜리를
어이 자꾸만 내쫓으라 한다

지그시 눈 감으면 가슴 타는 이 선율을
새벽 풀잎에 구르는 이슬 같은 속삭임을
정작 저 잠 못 이룸이 제 속눈썹에 걸린
저 창연한 달빛임을 모르고

내 달콤한 꿈결 속으로 아련히 젖어드는

저 곱고 선한 귀뚜리만
자꾸 밑도 끝도 없이 나무라네

서울로 가는 황소

이제는 떠나보내야 할 시간

정월의 싸락눈은 나리고 싸리문 밖
1.5톤 트럭 당도하자
노인은 걸음걸음 슬프게 외양간에 들어
워낭을 떼고 고삐를 푼다

이제 가면 영영 올 수 없는
적막강산 너머 해도 달도 없는 곳
멀리 집 떠나는 자식을 위해
다순 밥 한 끼 내어주듯
노인은 데운 뜨물에 마지막 여물을 쏟는다

어찌 맵고 시린 군불 탓이겠는가
김 무럭무럭 나는 쇠죽을 뒤적이다
무른 눈자위 옷소매로 꾹꾹
찍어내던 노인

가슴으론 풀지 못할 정한(情恨)
차마 말로서 토해낼 수 없는 속엣것들
어룽어룽 고인 눈방울로 씀벅이며
소처럼, 소처럼 되새김하려다
여물통에 엎디어

황소 기인 울음소리 낸다

인정 많은 봄날 정오

춘삼월 봄볕이 총총총 내려앉은 정오
한성아파트 화단 난간에 할머니 셋이서
제비마냥 쪼르르 붙어 앉아
품안의 카세트에서 흐르는 애잔한 노랫가락에
실바람 타고 노는 버들가지마냥 하느적거린다

한 분은 골짜기 몰린 입술로 흥얼흥얼하고
또 한 분은 방울새마냥 고갤 까닥이고, 그 옆은
흥 돋게 토닥토닥 발장단을 친다

지금 한창 산천의 벌 나비들
세상모르게 희롱하며 노니는 거 모르고
미친 봄바람에 가슴 싱숭생숭 하는 거 모르고
잠자리 날갯짓마냥 파르르 눈꺼풀 떨며
앞선 박자를 애써 좇는다

나는 발길 끌려 가만가만 다가서는데
처음 본 얼굴이라며 어디서 왔냐고 묻더니만

나이는 몇이고 직장은 뭐고 자식은 몇 두었냐고
생면부지인 나를 부여잡고
이것저것 시시콜콜 신상을 캐묻더니
끝마무리는 마침맞게 좋을 때네 좋을 때여, 한다

낼모레면 곧 따라갈 나를
내 딴에 먹을 만큼 먹은 나를
이렇게 볕 좋으니 함께 앉아 듣자며
내 앉을 자리 토닥이어 손바닥으로 곱게 쓸더니
한껏 볼륨을 키우는
참, 인정 많은 봄날 정오

집 부수는 날

며칠을 공치다 집 부수러 간다
내 처음 해보는 일이나 하루 일당 팔만 원
가슴 뛰는 액수다

게다가 머리통만 한 쇳덩어리로 집을 부순다는 게
내겐 드물게도 신나는 일이라
벽장을 내리칠 적마다 힘이 더한다

가능한 한 방이다
부실한 내 삶의 외곽을 깨부수듯
질긴 이력을 갈가리 찢어발기듯
단 한 방에 끝장내는 거다

그렇게 침 바르며 벽장아 무너져라 내리치는데
난데없게 지붕 위 악쓰는 소리,
―야 임마, 위에 사람 있는 거 몰라!
―좆도 모르는 저 새끼 누가 데려온 거야!
터진 고성과 욕지거리에 뛰쳐나온 십장*

냅다 내 시린 양 볼을 내리갈긴다

나는 그렇게 반나절도 아니 되어
뺨 맞고 쫓겨났다

쌀눈 같은 진눈깨비 허기지게 나리는 날이었다

＊공사 현장에서 일꾼을 직접 감독, 지시하는 우두머리의 하나.

사랑

새벽 물안개 지펴 오른 강나루에

돛단배 한 척

저 나루에 물안개 없었다면

저나 나나 얼마나 서글펐을까

시간의 뒤쪽

시간의 뒤쪽은 어둡네
그 어둔 저문 강에
이젠 돌멩이 하나 던질 일 없네

손에 쥔 돌멩이
그 하나에도
가슴 따뜻했던 날 가고 없네

사랑은 지고
뜬 별은 얼고

무수히 강물이 빨아들인
파문 하나 없이 말라버린 가슴

지나던 달만 외로이 잠기네

미친 그리움

고목에 매미 한 마리 자지러진다
이 하루해가 짧다는 것인가
짧은 제 생이 여름만큼 서럽단 건가
울지 마라, 울지 말아라
나도 한때는 외로운 사람
외로워 풍각쟁이처럼 떠난
그 사람 앞에
단 하나의 목청으로
뜨건 슬픔으로
너와 같이 붉게 울었다
울지 않곤 보낼 수 없었던
그 사랑은 가고
추억마저 지워진
지금은 다만, 느티나무 껴안은 너의 손마냥
영영 닿지 못할
그 큰 사랑이었음을 나는 기억한다
이제 꿈은 부풀리지 않아도 좋으리
뜨건 사랑으로 재가 된 이 가슴

남은 불씨 하나 있다면
사랑아,
나 오직 너 하나만을 위해
온몸 석유 불 댕기듯
무쇠처럼 달군 이 뻘건 태양 아래
단 하나의 목숨으로
이 미친 그리움으로
내 설움 다 하도록 붉게 울어보리라

누군가 나의 안부를 물어올 때

꼬박 사흘 야근하고 공장 문을 나서자
때 아닌 비가 내린다
이런 날은 비의 혼령들을 가만히 좇아
빗방울 총총히 머문 곳
장터 선술집에 든다

누구는 사는 게 맘먹기에 달렸다지만
하루 품삯 벌어먹고 사는 나로선
멀고 먼 지질한 이야기일 뿐

이처럼 후드득 후드득 빗방울 내리는 날엔
오래전에 해진 마음 느긋이 풀어놓고
누군가의 훈기 배인 술잔에
입술을 댄다

그리운 것들은
모두 무녀나 박수가 되어
멀리 가까이

찰랑찰랑 빗방울 흔들며 찾아든다

나는 이때 가만히 있어 볼 일이다
그 사이 몇은
차고 쓸쓸히 호명도 없이 지워질 것이고
또 몇은 권 없는 잔에 술을 치며
지난 나의 안부를 물어올 터

빗줄기는 이제 더욱 굵어
앞가림 없이 장막을 치겠으니
이보다 더한 술맛 당기는 날 또 있으랴
공허하니 한숨짓는 늙은 주모 불러
오래된 삭힌 이야기나 청해 듣노라면

마음은 혼백인 양 헛되이 떠돌고
우중 속 타는 목에 술은 다디달아
실한 몸에
거한 술만 거푸 거푸 붓는다

등나무

짜아식, 꼬여도 단단히 꼬였군
한 점 비집고 파고들
구멍 하나 없군

저 살아온 역사가 온통 남 휘감는 짓이라
옭아맬 무어면 감고 휘돌아
평생을 펼 줄 모르는군

그런 고약한 놈이 말년 철들었나
제 곽곽한 삶이 역겨웠나
땡볕 쏟아지는 한낮에
은근 슬쩍 담장 밖으로 몸 내밀어
삐딱하니 꼬이고 비틀어진 제 몸뚱이에서
먹물 짜내듯
차고 서늘한 것을 펼쳐놓지 않는가

오가며 더위 먹은 사람들 한데 불러
달궈진 볕 가실 때까지

젖은 옷 눅눅해질 때까지
잠시 쉬어가라,
생전 없던 인심을 후하게 쓰는 거다

절밥 얻어먹기

함양 벽송사 가는 좁다란 도랑가에 핀
저 노오란 갓꽃 좀 보게

세속에 찌든 내 미련한 날들
열두 폭 병풍마냥 활짝 펼쳐들고
사월초팔일 절밥 얻어먹으러 가는 길

내 삶의 뜨락 어느 언저리고
저리도 흔한 갓꽃 한 잎 내지 못한
내 허술한 과거사 뉘 알겠냐만

누렇게 부항 든 마음에
바리 한 사발로 채울
빈 뱃구레는 사월초파일 연등마냥
붉게 물드는 게

혹여, 천왕문 지켜선 사천왕이 이를 알고
요놈의 자식, 빌어먹을 데 없어 여기까지 왔노!

무섬중 난 홉뜬 눈에 불호령 치며
날 퍼런 신칼로 눈 깜박일 사이
내 머리통 내리칠까

당도한 문턱 발 내딛기는커녕
숙인 고개 움켜쥐고 한달음 내빼었소

꽃

뭐시어!
고 터진 상처가 꽃이 되었다고!

오메, 고거 참말이여!
고럼 내 다친 마음 이 상처는 언제
꽃 되는 거여, 꽃다워지는 거냐고?

뭐시라고!
고로케 아파선 꽃도 뭣도 아니라고?

긍게, 새칠로 말해봐!
내 얼마큼 아파야 꽃이 된다고, 꽃처럼 훤해진다고?

아후 속 터져, 빨랑 말해?

제3부

사병과 나비

일그러진 포화(砲火) 속으로 날아든
나비

묵언합장 고이 나래 접자
일순간 고요해진 전장(戰場)

참호 속 어린 사병
해진 군복에 수첩을 꺼내어 빠르게 적는다

어머니,
이젠 집으로 갈 수 있을까요.

입속의 붉은 칼

입속에다 칼을 물고 산다
왜 이리 사는지 나도 모른다

목젖을 벌릴 때마다
솟구치는 칼
세 치도 아니 될
불멸의 칼

그 칼 의향 없이 날아가
뉘 가슴에 상처가 되고
눈물이 되고
더러는 내 심장에도 꽂히는

그 칼 무장 섬뜩하니 오금 저리나
밤낮으로 무고와 교란을 꿈꾼다
쓰으윽, 쓰으윽,
날 뻘겋게 한시도 칼 가는 법
잊은 적 없다

차라리 변방의 숲속 날아든 새들마냥
진종일 입 벌려 노래할 수 있다면
아예 말은 못해도 인정의 빛깔로 피고 지는
무명의 들꽃이나 되었으면

오늘도 예사로 무시로 튕겨져 나가는
입속의 붉은 칼,
그 칼 무서워
이젠 입을 여닫을 수 없다

당장 짱돌 하나 집어 들어
더는 두고 볼 수 없게
지근지근 깔아뭉개야것다

새

해질녘 용인 신갈호수공원 벤치 아래
찬 주검으로 누워 있는
새 한 마리 보았네

그 곁에
외로운 목숨 하나 정갈히 지키는
짝 잃은 새

창공 돌아갈 노랫소리 잃고
뜨건 사랑의 곡조마저 잃어
이제는 순백의 여린 부리
상한 날갯죽지에 묻고
낙엽처럼 슬픔을 덮네

그 위로
샛노란 은행잎들
한 잎 두 잎

뚝,
뚝,
뚝,
똑딱단추처럼 떨어져 내리고

서산마루 붉은 해
짙게 젖어버린 제 속눈썹에 걸리어
더 더는 재를 넘지 못하고

무명 시

세상은 이름 없는 것에 관심 없다

한때는 너의 시였고
암호였고
부호이며
번역해야 할 언어였던 것을
어디선가 또 다른 누가, 언어로 쓰고 있는 것을

세상은 정의할 수 없는 것에 입을 다문다

비 오면 비에 젖고
바람 불면 바람 부는 곳으로
하염없이 고개 숙이는
그러나 무어라 명명할 수도 없는
내 안에 든
또 하나의 나를

혹, 나일 줄 모르는

너를

세상은 이름 없는 것은 결코 인정치 않는다

담쟁이

내 맘 여러 날 해적이었던 여자
그 여자네 집을 지나는데 글쎄
어느 시퍼런 녀석이 그 집 높다란 담장을
한 치 주저 없이 숨 고름도 없이
찰싹 달라붙어 오르지 뭐요
내 오래전 맘 달리
단 한 번도 시도 못한 그 밋밋한 벽을
주인장 무섭다고 동네방네 소문난 그 집을
백주대낮 세운 망 하나 없이
부여잡을 것 하나 없는 붉은 벽을
부단히 처연히 한 땀 한 땀 쐐기를 박는
저 당당함은
대체 저 파리한 몸 어디서 생성되는 걸까
벽돌 한 장 흘림 없고
땀방울 하나 맺힘 없이
마술처럼 소름 돋게 수직을 타더니
턱 담장에 오르데요
그리곤 손차양으로 한참을 굽어보던 녀석이

난데없게 툭, 허공에다 손을 떨구지 않겠어요
암만 봐도 집에 개미 한 마리 없다나
꼭 사람 나간 빈집 같다나
하마터면 나도
풀썩 자리에 주저앉을 뻔했지 뭐요

개가 짖는 이유

용이 물을 휘감고 비상하는 것인가
개 한 마리 사납게 짖어댄다
저 개는 필시 알고 있을 거다
물새 떼 날아오른 내성천
저 물줄기 한 가닥만 낭창하니
옹골지게 물어 당기면
세상 오만 먹잇감들 덩달아 딸려 오리란 것을
찬란한 식탁 몇 날을 맞이할 거란 것을
개는 그 상상만으로도 군침이 돌았으리라

살아온 이력이 온통 이빨이었던 개
그 이빨 하나로 세상을 호령했던지라
뼛속까지 힘을 불어넣고
의기양양 물고 뜯고 잡아당기나
웬걸, 단박 물리기커녕
흐물흐물 빠져나가는 물의 허물
지질한 사투에도 당최 물리지 않는
빈들빈들한 살점들

개는 점차 무뎌지는 이빨에 지독한 체면에
속 꺼멓게 타들어 갔으리라
세상 맘 같지 않다는 거 뼈저리게 느꼈으리라
그러다 두어 발 빼고 알았을까

저편, 저보다 힘센 회룡포란 놈이
내성천 그 질긴 꼬랑지를 칭칭 휘감고
강단지게 물줄기 꽈악 부여잡고 있다는 것을

그때마다 개는
달 보고 짖던 모양새로
핏발서게 목청 떨어져라
길길이 짖어댔던 거다

진도 바닷길 1

세상 살다 보면
한번쯤
억장 무너지는 요놈의 시린 세상살이에
빈 가슴 먹먹히 내리칠 때 있다

하느님도 가끔은
사람 사는 꼴 우습고 같잖아
꽝, 꽝, 꽝
너른 땅바닥 내리친다

보아라, 저어기 물속
쩌—억
갈라져 있는 것을

진도 바닷길 2

사리 조각달에 베인 상처
얼마나 크면
물의 뼈,
저리 아리도록 깊을까

까닭 없이 사랑하다 이유 없게 헤어져
내 여직 아물지 못한
이 상처, 이 가슴

저리 허옇게 갈라지고 벌어져
트인 길 생기면
사랑아,
너 그때 그리 올래?

와선 영영
내 속 깜깜히 갇혀버릴래?

진도 바닷길 3

참으로 겁 없다
태연자약 성큼성큼 들어서는
저 기인 행렬 좀 보소

단 한입에
꿀꺽,

성도 아니 찰
대풍의 먹잇감들!

홍시

작년 이맘때 일 벌써 잊었나
그놈과 또 맞장을 뜨다니

맞아도 된통,
뻘겋게 얻어터지다니

오메, 저 징헌 거
그리 터지고도 또 대드는 거 보소

머릿속 휑한 날엔

그대 혹,
머릿속 비어 휑한 날 있던가요
노곤한 세상살이에 단맛 떨어지는 날도 있나요
그런 날엔 시끌벅적한 장터 국밥집에 들어
내 집이거니 노닥이는 것도 좋을 겁니다

펄펄 끓은 물에 금방 나왔으면서도
지고지순하게 웃어대는 돼지머리처럼
시끄러운 속내 한 사발 탁주로 씻어내고
된장 바른 풋고추 와그작 씹으며
싸구려 웃음 한 다발 창밖으로
실없이 내던져보는 것도 참 괜찮을 거예요

그러면 인심 좋은 주인아줌씨
세상 오만 것들 잡다하니 널린 장바닥에서
금방 잡아 올린 싱싱한 푸념과 넋두리
한데 버무려 매콤하니 초장을 치고
안주 삼아 맛깔스레 한 상 내놓을 터

그때 나 같은 말캉한 사람 곁에 불러
함께 농틀 만큼 너나들이하다가
즐겨 씨나락도 까먹다가
그도 나도 병신처럼 시시덕거리며
뱃속 좋게 출렁이는 겁니다

세상은 출렁이어야 누름돌에 아니 깔린다고
가끔은 병신 쪼다처럼 살아야 등 안 처먹는다고
씨알도 없는 넋두리
뚜욱, 뱉어내고서
오래 묵어 빛바랜 옛 노래들
상다리 부러지게 너부죽이 게워내면
속은 마치 단방약 먹은 빈속마냥 너부데데할 거예요

장터 국밥집에 마침맞게 잘 왔다고
서로서로 고개 끄덕일 거예요

소낙비 오기 전

허연 낮달 하나 덩그렇게 뜬
허공에
장난기 많기로 소문난
어린 까마귀 한 마리

푸드덕 날아
사방팔방 여기저기
꾹꾹
발자국 찍어대어 먹칠이다

이를 어쩐담?

저 산마루의 먹구름 영감
노발대발 성난 불호령에
대빗자루 치켜들고 벼락 치며
폭풍으로 달려올 텐데

저 어린 거, 그 험한 꼴 어찌 감당하려나?

난 정말이지
전혀 모른 일이고, 아니 봤다고,
딱 잡아뗄 거다

보름달

한 치 미련 없노라
일백 번 곱씹으며
저문 강에 내던져버린
반지

정녕 돌아서서
아니 눈물 흘렸는데
잊어도 하마 잊었어라 했는데

나보다 먼저 저만치
어두컴컴한 길도 없는 곳에
허방 디딤 없이
뒤축 끄는 소리도 없이
줄창 따라붙는 저것을

누가 좀
내 눈 밟히지 않게
내 맘 쓰리지 아프지 않게

저어기 선창가 배말뚝에다가
더도 덜도 말고
딱 사나흘만 옴짝달싹못하게

꽁꽁, 묶어나 두었으면

회산 백련지

여름 끝물 짓이긴 진흙탕에
옥생각 없이 외어앉은
백련을 보았네

인영은 산적해도 일각을 꿈꾸지 않고
외첨내소 없이
친소간에 명토를 박아
한 점 비루하거나 첨예하지 않는
순후한 꽃봉오리

저 외틀어진 잎새마다
세월의 빛바램 하나 없고
외로운 꽃대 위엔
청초한 빛깔로 청청백백 서렸는데

마른 대지에 뿌리내린 이내 몸은 어찌하랴
어느 세월에
먼지 이는 이 가벼운 세상 훌훌 떨고

저기 불속처럼 허연 속살에 스미려나
스미어 한 점 누락 없이 물들려나

백련은 꽃피우기 백년인데
나는 그 언제쯤

사라진 땅

눈 익은 거 하나 없다
사라진 풍경에 배경도 없다
내 유년의 근간을 이루던 곳
한 치 찾을 길 없다

기분 좋게 그림자 펼쳤던 교정의 호두나무
하굣길 노루귀꽃 귀에 꽂고
한달음 치달아 올라섰던 언덕배기
숨도 차지 않았던 유장한 솔밭길
하마 눈감고도 유유히 흐르던 샛강들

모두 사라졌다

키 작은 돌담길 넘나들며 술래잡기하던
내 어린 친구, 친구들
저물녘 머리 풀고 일어선 군불 연기에
가랑잎 같은 주린 배 움켜쥐고
부뚜막 살폈던

그 어린 눈빛, 눈빛들

명명할 번지도 문패도 없이
수장된 내 유년의 땅이여,
속 헤집을수록 들짐승 울음소리만
처렁처렁
천 길 물속을 떠돈다

위대한 가장(家長)

사내는 한순간 직립을 놓쳐버렸다
온 세상을 마당발처럼 다녔다던 두 다리다
세상은 오늘도 그를 보고 깔깔대며
병신 쪼다라 한다

바닥에서 몸을 떼본 적 없는 사내
토해내고픈 삶 다시 지우고 쓸 문항이라면
천만번 쓰고 문대겠다고
얼마까지 틀리고 또 틀려도
열 손가락 다 닳도록 올곧게 고쳐 쓰겠다고
여윈 가슴팍 숯검정 되게 분탕질해도
정작 제 가슴에 박힌 못은
어쩌지 못하는 사내

기인 거죽때기 허리 밑창에 감고
지은 죄 없이 바닥에 배를 깔고
키 작은 좌판대 밀며 끌며
세상 온갖 멸시와 조롱 들이 삼켜도

몸 밖 기어 나올 다리 없다

해질녘 동강 난 봄뚱이 이끌고
후미진 골목 턱 낮은 문간에 들면
지어미는 지아비를 향해
박꽃마냥 토방마루 아래 맞아 서 있고

흰 들꽃 같은 어린 것들은
그가 가장 오래 거느렸다던 그 불빛 환한
행복 속으로
그 뜨겁다는 허연 가슴팍으로

휘어얼, 휘얼
부나비 되어 뛰어든다

가오리연

저것, 해도 해도 너무하는 거 아닌가
땡전 한 푼 없는 허공에
버르장머리 없이 바람의 멱살 움켜쥐고
내흔들며 꼴사납게 깝죽대며 호들갑 떠는
저것은 대체 무엇이냐

본시 예도 본양도 없는 놈이
방자하니 노상 술 취한 듯 아편 맞은 듯
주둥이부터 꽁지까지 비틀비틀
위아래도 없이 휘젓고 나대는 저것은
호랭이 물어갈 잡놈 아닌가

참으로 물팍 시린 요놈의 세상살이
뉜들 저처럼 패이고 깎인 상한 가슴 없겠고
저같이 성깔 아니 부리고 싶겠냐
다만 사람 사는 게 다 그러니 하고
억장 무너져도 허허허 웃어넘기는 것을

한 가닥 줄에 묶인 목숨

뉘 아닌 저인 줄 모르고

한순간 깝신대다 허공으로 휙 사라져

꼴도 볼 수 없는 놈이

속창아리 없이 허파에 바람만 가득 물고

간들대며 알랑거리는 저 꼬락서니라니

내 저 싹퉁머리 없는 놈을

더는 두고 볼 수 없게, 더는 용서치 않게

허공 한 점 티끌로

세상 소리 소문 없이 토옥, 날려버릴까 보다

시가 사라졌다

짜릿하고 뜨거운 뭐가
깜깜한 내 속으로 뛰어들었다

그게 간간히 모양을 바꾸며 형체를 이룬다
급기야 나를 황홀지경에 빠트린다

이게 꿈이지, 꿈이지, 하다가
그만 생시로 뛰쳐나왔다

한데 그놈이 온데간데없이 사라졌다
아무리 속을 뒤져도 없다

그럴 거면 뭣 하러 뛰어들었을까
참 밉다

해설

'인간적' 리얼리즘으로 빚는 주체의 해방

유인실 시인·문학평론가

1. 험한 세상, 사랑으로 파고들기

오늘날 사회를 둘러싼 현실적 환경은 우리를 답답하고 우울하고 불안하게 한다. 인간으로서의 자긍심은 자본에 넘겨준 지 오래고, 우리 사회의 공동체적 삶을 유지하기 위한 최소한의 도덕은 위태롭기까지 하다. 문학은 가장 본원적인 인간의 존재성을 증명하는 작업일진대, 앞이 불투명하고 혼탁한 상황 속에서 인간의 본원을 찾아가는 작업이 얼마나 유의미한 일일지 아무도 장담할 수 없다. 이러한 상황 속에서도 문학은 여전히 사회의 가장 예민한 부위에 촉수를 들이대어 당대의 모습 속에서 인간의 존재성을 증명해낸다. 문학의 성

장이 고뇌와 번민의 터전에서 이루어질 수밖에 없는 이유이기도 하다.

시의 내용은 철저한 자기인식의 산물이다. 자기인식의 내용은 시적 화자의 내면에 있다. 화자의 내면성이란 어떤 가치적인 것(이상)을 추구하는 내면적 동력을 말한다. 즉 시는 가치 추구적인 화자의 내면성과 객관적인 대상(사물)에 대한 인식 내용이 작용하여 자기인식화된 것으로 나타난다. 시가 궁극적으로 가치 추구적인 것은 바로 이러한 시의 속성 때문이다.

김회권 시인에게 문학은 삶의 현장에서 소외된 소시민들의 보편적인 삶을 드러내고 보고하는 장이다. 이번에 상재하게 된 네 번째 시집 『뜨거운 건 왜 눈물이 날까』에서 역시 그는 인간의 근원에 대한 성찰과 소시민들의 삶에 대한 관심을 단단한 시어로 새기고 있다. 일상에 지친 현대인들의 삶과 체험을 시에 담고자 했던 이와 같은 그의 갈망은 삶의 지향점이 그의 시세계에 집약적으로 내장되어 있음을 의미한다. 시는 자신의 가장 본원적인 존재성과 가깝기 때문이다.

이번 시집에서 자주 언급되는 인력소, 선술집, 장터 국밥집, 옥탑방, 봉제공장 등은 중심으로부터, 권력으로부터 밀려나고 소외된 장소의 상징이다. 또한 대폿잔, 체납용지, 야근, 아낙, 아줌마, 할매, 노부부 등은 고단하고 외로운 삶의 상징이다. 그의 시세계 속으로 호명된 이러한 시어들은 외로움,

슬픔, 상처, 허망, 허무, 속울음 등의 시어와 병치되면서 소시민들이 처한 현실을 드러낸다. 이것은 현실적 삶에 대한 시인의 자기인식화된 모습으로 묘사된다. 시인은 현대사회에서의 일상적 삶을 있는 그대로의 모습으로서가 아니라 자신의 내면 속 이상의 기준에 비춰진 모습을 제시하는 것이다.

김회권은 자본주의 사회가 해결해주지 않는 것을 해결하려는 노력, 즉 '시'라는 거울을 통해 현실세계를 비추려고 부단히 노력한다. 시와 삶과의 경계에서 시의 가치를 긍정하고 이를 통해 좀 더 나은 세상을 꿈꾸는 것이다. 그래서 그의 시는 소시민적인 삶에 닿아 있지만 더 이상 하위주체라는 이름에 머물지 않는다. 그의 시세계는 세속적 욕망과 좌충우돌 부딪치며 인간의 본원적 가치를 묻는가 하면, 사회의 부조리함에 대한 발언에서부터 인간이 보편적으로 직면하는 고독의 문제에 이르기까지 다양한 스펙트럼을 가지고 있다. 뿐만 아니라 자본주의 사회에서 무력화되어가는 인간의 정신주의에까지 천착해 들어가는 깊이를 지니고 있다.

김회권의 이번 시집에서 자주 눈에 띄는 것은 소시민들의 보편적인 일상이나, 소외되고 배제된 인간 군상들에 대한 것들이다. 소외된 것들에 대한 이러한 관심은 시인에게는 거의 본능에 가깝다. 시인은 그것들을 시적 대상으로 호명함으로써 그것들에 생기를 불어넣어 살아나게 한다. 그것은 단순한 마이너적인 것에 대한 집착이라기보다는, 자본에 저항하는 대타의식의 의미로 볼 수 있다. 이러한 시적 원리는 시집 전반에 걸쳐 잘 드러나고 있다. 비록 현실은 그리 호락호락하지 않지만, 세상을 대하는 그의 태도는 역설로 때로는 위트로 눙치면서 삶의 본질로 나아가고자 하는 역동적인 힘이 내장되어 있다. 먼저 작품 하나를 살펴보자.

> 퇴근길 키 작은 담장 너머로
> 쫑긋 고개 내민
> 빨간 장미꽃 한 송이
>
> 오메 반가워라,
> 눈 환하게 와 닿는 마음
> 꽃보다 더 붉네
>
> 우아하니 두 발 곧추세워
> 내민 손끝에
> 난데없이 와 닿는
> 고함 소리,
>
> —이보소, 왜 남의 꽃을 꺾고 그래싸요!
>
> 골목 먹먹히 울려대는

주인 아낙네의 낭창한 쇠갈음 소리

한데 이 맘은 왜 이리 청정할꼬?

오늘은 바로,

아내의 귀빠진 날

—「우아한 도둑」 전문

  인간 존재에 대한 끊임없는 질문이 놓여 있는 곳은 인간 존재의 생활 터전이다. 그곳은 삶이 구체적으로 실현되는 곳이다. 문학에는 작가의 그 지역적 삶이 반영될 수밖에 없다. 따라서 시인이 생활하는 지역적 속성은 작품 속에 내재된 작가의 인생과 세계관까지 깊이 있게 음미할 수 있는 영역이 된다.

  김회권 시인이 문학의 열정을 키운 곳은 전라도이다. 그의 시에는 종종 전라도 방언이 등장한다. 시인에게 전라도 방언은 단순히 시인이 살고 있는 지역의 언어라는 의미 이상을 내포한다. 전라도 방언은 종종 중심으로부터 억압받고 소외된 공간의 언어라는 상징성을 갖는다. 김회권 시에 표상되고 있는 전라도 방언 역시 '중심'에 비해 주변, 경계, 변방 같은 소외적 조건을 지니고 있다. 한 국가의 언어 관계에서 지배언어가 피지배언어를 포식하는 현상은 흔하게 나타난다. 이러한 현상은 표준어와 지방언어의 관계에서도 동일한 맥락으로 읽을 수 있다. 지방언어에는 지역민들의 삶과 사유 방식이 고스란히 들어 있다. 따라서 표준어에 의한 지역언어의 침식은 단순한 지역언어 영역의 문제가 아닌 지역의 고유성과 차이성을 삭제함으로써 지역언어와 지역의 가치를 왜곡시키는 결과를 가져온다. 교육계에 종사하는 시인은 이러한 사정을 누구보다도 잘 알고 있다. 그런데도 시인은 전라도 방언을 즐겨 쓴다.

인용한 표제 시에서도 가장 먼저 시선을 붙잡는 것은 전라도 방언이다. 흔히 방언은 그 지역의 현장성과 지역민의 삶을 고스란히 보여주는 시적 장치로 작동한다. 이 시에서도 시적 화자는 "아내의 귀빠진 날", 즉 아내의 생일날, 퇴근길에 담장 너머에 피어 있는 장미꽃을 보며 순간 "오메, 반가워라" 한다. 그 마음이 "꽃보다 더 붉"다. 우아하니 발을 곧추세워 꽃을 꺾으려고 손을 내미는 순간, 이내 "이보소, 왜 남의 꽃을 꺾고 그래싸요!" 하는 주인의 "쇠갈음 소리"가 울린다. 아마 이 상황에서 주인이 표준어로 엄중하게 꾸짖는 훈계로 외쳤다면 비록 그 대상이 꽃일지언정 그것은 엄연한 절도죄에 해당할 것이다. 그런데 여기에서 꽃을 꺾으려는 사람과 꺾지 못하게 하는 사람 사이에 흐르는 기류는 결코 긴장되거나 팽팽하지 않다. 그것은 방언이 주는 토속적 정감 때문이다. 예쁜 꽃을 보는 순간, 아내를 위해 손을 내미는 동작에는 어떤 도덕적, 법률적 잣대가 끼어들 여지가 없는 순수한 상태이다. 그것을 시인은 제목에서 암시해놓았다. '우아한 도둑'. 이 문법

구조는 논리적으로 맞지 않는 '형용모순'이다. 시인은 양립될 수 없는 말을 서로 짜 맞추어 표면상으로는 모순된 표현이지만 심층에 인생의 깊은 진실을 담아 시적 효과를 획득하고 있다. 다시 말해서 그것은 표면적 의미와 상충되는 의미를 시 내용으로 하고 그 모순이 발생시키는 의미론적 긴장 속에서 심오한 시적 가치를 창조해내고 있는 것이다. 그렇기 때문에 주인의 훈계가 비록 "쇠갈음 소리"라고 했을망정 이미 그에 대한 독한 분노나 원망 등은 찾아보기 어렵다. 그 쇠갈음 소리가 악에 찬 소리로 들렸다면 "이 맘은 왜 이리 청정할꼬?"와 같은 상태에 이르지 못함은 불문가지이다. 주인이 내뱉는 '쇠갈음' 소리는 시에서 오히려 생기와 실감을 획득하게 하는 요소로 작동한다. 이러한 시적 효과를 통해 시인은 따뜻한 인간미가 실종된 각박한 현실을 이 시를 통해 환기시키고 있다. 시인은 전라도 방언을 사용함으로써 토속적인 정감을 유발하여, 인간미가 실종된 각박한 현대인들에게 삶의 의미를 묻는다. 선물은 주고받는 재화 자체의 물질적 가치보다는 받는 이에 대한 주는 이의 선의와 사랑을 드러내는 상징적 가치를 갖는다. 인용 시에서 선물을 주고자 하는 시적 화자의 마음은 "눈 환하게 와 닿는 마음/꽃보다 더 붉"은 마음이다. 그런데 언제부터인지 우리 사회에서 선물은 재화의 크기에 의해 그 가치가 비례하게 되었다. 본래 선물이 가지고 있는 특징인 타자성, 자발성, 무상성 등이 사라지면서 선물의 본래의 의미

마저 많이 퇴색되어 있다. 「우아한 도둑」은 아내에게 생일선물을 하고 싶은 필부의 소박한 마음을 지역민들의 삶의 경험과 사유방식이 고스란히 담겨 있는 지역 언어를 통해, 선물의 의미가 변질된 현대인들에게 선물의 의미를 환기시킨다. 이벤트로 세련되게 마련한 명품이나 다이아몬드가 아닌 선물이어서 보잘것없이 보일지 모르지만, 담장 너머 핀 꽃 한 송이일지언정 거기에 담긴 진실한 마음은 결코 소소해 보이지 않는다. 소시민의 삶을 역동적인 삶으로 회복시키는 지점이다.

> 작년 이맘때 일 벌써 잊었나
> 그놈과 또 맞장을 뜨다니
>
> 맞아도 된통,
> 뻘겋게 얻어터지다니
>
> 오메, 저 징헌 거
> 그리 터지고 또 대드는 거 보소
>
> ─「홍시」 전문

이 짧고 간결한 인용 시는 김회권의 시에 낭창하게 흐르는 시적 사유를 해명해주는 중요한 열쇠로 보인다. 홍시에 대한 감개를 드러낸 이 시에서 각 연은 시간 흐름을 보여주는 소품

적 역할을 한다. 작년에 보았던 홍시를 올해 다시 보게 되면서 시적 화자는 그 생명적 에너지에 감탄한다. '된통 맞고 얻어터진' 시구에서 독자들이 추출해내는 것은 붉음과 부어서 탱탱한 이미지이다. 홍시는 세파에 이리저리 시달려도 다시 삶에 맞서서 씩씩하게 살아가는 일반 소시민들의 삶의 이미지와 닮았다. 그 감정은 방언을 사용하여 직설적으로 표현한 제3연의 "오메, 저 징헌 거"에 이르러 절정을 이룬다. 방언의 '촌스러움'은 모든 생명에 따뜻한 연민을 품고 있다. 허장성세 따위에 현혹되지 않는 담박한 성정과 인간의 웅숭깊은 삶에 닿아 있다. 시적 화자는 서민들의 삶을 방언과 절묘하게 결합하여 세파에 시달려도 꿋꿋하게 살아가는 소시민들의 성실하고 아름다우며, 웅숭깊은 당참을 환기시킨다. 고달픈 세상살이 속에서도 본원적인 따스한 인간애를 통해 주체를 해방시키는 작품 하나를 더 살펴보자.

근 삼 년 철공장 철가루 들이마시며 어렵사리 모은 목돈 삼백만 원 그 금싸라기 같은 돈을 홀라당 떼어먹고 줄행랑친 친구 놈을 화순 공용버스터미널 옆 칠성목욕탕에서 홀라당 깨를 벗고 맞닥뜨렸다 벼르고 벼리었던 놈 만나기만 하면 당장 패 죽이고 싶던 녀석이 불쑥 내게 건넨 말, 미안하이, 내게 남은 거란 불알 두 쪽밖에 없네 그려 나는 그 뜬금없고 황당한 소리에 놈의 거시기를 황망히

내려 봤을 거고 놈의 거시기는 참 도도하고 당차게 고갤
뻣뻣이 세우며 날 쨰려보는 게 아닌가 순간 기가 팍 죽은
나는 엉겁결, 긍게 시발놈아, 그 한쪽이라도 지금 당장 내
놔야 할 거 아니어!

—「터무니없는 요구」부분

인용 시에서는 힘겹게 살아가고 있는 소시민 사이에서 일어난 해프닝을 눈여겨볼 필요가 있다. 시적 화자는 어렵사리 마련한 "금싸라기 같은" 목돈 삼백만 원을 떼어 먹고 줄행랑 친 친구를 우연히 목욕탕에서 만나게 된다. 한때는 친구였지만 채권자와 채무자로 갑작스럽게 만나 게 되는 상황에서 독자들은 두 사람 사이에 흐르는 긴장감을 인식하게 된다. 팽팽한 긴장감 사이로 벼르고 별렀던 친구에게 "남은 거란 불알 두 쪽밖에 없"다는 말을 듣게 되고, 만나기만 하면 "패 죽이고 싶던" 친구였지만 "도도하고 당차게 고갤 뻣뻣이 세우며 날 쨰려보는" 거시기에 기가 팍 죽는다.

시인은 여기에서 대립된 두 인간의 구도를 유머러스하게 조명하고, 그를 통해 빚을 받아내야 하는 시적 화자와 그것을 포기시켜야 하는 친구를 각인시킨다. 그때 "불알 두 쪽"은 존재자가 가지고 있는 최후의 보루 같은 것이다. 최후의 보루를 놓고 채권자와 채무자가 서로 대치하는 상황에서 "긍게 시발놈아, 그 한 쪽이라도 지금 당장 내놔야 할 거 아니어!"라

는 '터무니없는 요구'는 팽팽하게 감도는 긴장감을 일순 웃음바다로 만들어 희극적 효과를 자아낸다. 공격적이고 악의적인 빛 독촉이 아니라 쾌활하고 밝은 말장난으로 진지한 분위기를 별안간 우스꽝스러운 것으로 만들어냄으로써 극적인 긴장상태가 완화되는 효과를 거두는 데 성공하고 있다.

가난한 나보다 더 지난한 삶을 살아가고 있는 '타자'를 향해서 자기를 뛰어넘는 이러한 실천은 앞으로의 우리의 삶이 어떠해야 한다는 것을 보여주는 예시이다. 소시민들의 일상적인 삶은 사회역사적 현실을 가장 설득력 있게 증언하거나 비판하는 중요한 현실태이다. 시인은 고단한 서민들의 삶을 통해 자본 이전에 인간의 근원적인 것이 있음을 자각하게 하고 이것을 환기시키는 통로를 유머러스하게 접근하고 있다. 갈등과 화해, 반목과 용서를 거듭하는 인간사에 보내는 김회권의 따듯한 메시지가 쾌활한 유머의 시적 장치를 통해 시의 미학을 이끌어낸다.

2. 생명의 파동, 인간과 자연 사이의 간극

김회권의 시에서는 자연의 세계에 대한 경외감이 곳곳에서 나타난다. 특히 자연의 순리를 따르고자 하는 시인의 태도에서 이런 감성은 잘 드러난다. 그의 시에서는 '나무', '꽃',

'강', '숲', '하늘', '바다' 등의 이미지가 종종 나타난다. 여기서 주목할 것은 자연을 대하는 시인의 태도가 단순한 자연 현상으로서의 모습이 아니라 그들을 바라보는 시인의 심미적, 철학적 통찰이다. 시인은 강, 하늘, 바다와 같은 자연을 결코 허투루 보아 넘기지 않는다. 시인의 눈은 항상 예민하고 긴밀하게 움직인다. 그래서 단순히 대상의 외관을 묘사하는 데 그치지 않고, 오래 보고, 자세히 보고, 관찰한 후 깨닫게 되는 자연의 질서 혹은 순리를 시의 배경으로 등장시킨다. 이렇게 관찰된 자연물들은 시인이 묘사하고자 하는 미적 대상으로 표상한다.

징글맞을 기인 배암을 목도리마냥 두르고 연습했다는
이 나라 명궁(名弓)들의 소문이
세상 파다하니 떠돈 날
인력소를 공친 나는
물 풀린 샛강에 나가 고니를 본다

멀리 가까이
처연히 돌부리에 우뚝 서서
내 한 번도 겨냥 못한
과녁, 머언 허공 낮달을 향해
젖힌 겨드랑이에 검은 활촉

휘익 뽑아든 고니

내 예전 뒤틀린 맘에
시위하며 무방 쏘아댔던 그 빗나간 화살들은
지금
어느 가슴 시린 상처로 꽂혀
아파, 아파라 할까

잠잠했던 바람의 힘줄
일순간 출렁이고
몇 방울의 물, 돌부리에
툭 튕겨 오르자

팽팽한 허공 가르며
치솟는 화살

그러나 지상엔 상한 자 뉘 없다
―「고니를 쏘다」 전문

위 작품에서 잘 드러나듯이, 작가는 강가에 있는 고니를 보며 그 속에서 생명의 파동을 느끼고 무궁한 정신적 고양을 체험한다. 데카르트의 코기토 이후 자연은 철저하게 주변화되어 왔다. 그뿐만 아니라 인간의 이성은 자본주의와 맞물리면서 비판과 성찰이라는 본연의 기능을 상실한 채 도구화되면서 무소불위의 폭력을 휘두르게 되었다. 그 역기능은 급기야 인간의 생존을 위협하기에 이르렀고, '폭력적' 휴머니즘의 노예가 된 우리의 현실은 좀처럼 개선의 기미가 보이지 않는다.

자연은 세상과 우주의 본성을 보다 깊게 이해할 수 있도록 해준다. 김회권의 시에서 묘사되는 자연물은 인간의 본성을 되돌아보게 하는 대상으로 작동한다. 시인은 인간과 타자화된 자연물과의 관계를 성찰을 통해 이기적인 현대인들과 자연과의 간극을 환기시킨다.

인용 시에서 보여주는 바와 같이 명궁들은 명료한 목적의식을 가지고 단 3초의 승부를 위해 "징글맞을 기인 배암을 목도리마냥 두르고" 살인적인 훈련을 하는 것처럼, 고니 역시 '백조의 호수'에서처럼 우아하게 춤추는 것처럼 보이지만 사실은 생존을 위해 살벌하게 투쟁한다. 그러나 "과녁, 머언 허공 낮달을 향해/젖힌 겨드랑에 검은 활촉 휘익 뽑아"들어도 "몇 방울의 물, 돌부리에 툭 퉁"길 뿐 "지상엔 상한 자 뉘 없다". 그런데 인간들이 무심코 쏘아대는 화살은 "어느 가슴 시린 상처로 꽂"힌다. 고니가 활촉을 뽑는 것이 자신의 생존을 위한 몸짓이라면 인간의 쏘아대는 화살은 타인에게 향하는 무기이다. 우리가 처해 있는 세계는 치열하게 경쟁해 나아가야 할 공간일 뿐만 아니라, 견뎌내야 하는 현실 그 자체이기도 하다. 그러나 결국 세상의 모든 일들은 자연의 순리에 따라 움직인다. 자연의 순리는 우리의 삶과 멀리 동떨어져 있는 것이 아니라 우리들 주변에서 숨 쉬고 있다. 시인은 자신을 둘러싸고 있는 자연의 소리에 귀 기울이며 그곳에서 삶의 진리를 찾고자 한다. 자연이 펼쳐 보이는 세계는 그 자체가 질서이고 평화이기 때문이다.

    입속에다 칼을 물고 산다
    왜 이리 사는지 나도 모른다

    목젖을 벌릴 때마다
    솟구치는 칼
    세 치도 아니 될
    불멸의 칼

    그 칼 의향 없이 날아가
    뉘 가슴에 상처가 되고
    눈물이 되고
    더러는 내 심장에도 꽂히는

    그 칼 무장 섬뜩하니 오금 저리나
    밤낮으로 무고와 교란을 꿈꾼다

쓰으윽, 쓰으윽,
날 뻘겋게 한시도 칼 가는 법
잊은 적 없다

차라리 변방의 숲속 날아든 새들마냥
진종일 입 벌려 노래할 수 있다면
아예 말은 못해도 인정의 빛깔로 피고 지는
무명의 들꽃이나 되었으면

오늘도 예사로 무시로 튕겨져 나가는
입속의 붉은 칼,
그 칼 무서워
이젠 입을 여닫을 수 없다

당장 짱돌 하나 집어 들어
더는 두고 볼 수 없게
지근지근 깔아뭉개야것다

―「입속의 붉은 칼」 전문

 자연을 바라보는 시인은 사물이나 대상에 대한 인식에 있어서도 어떤 특정한 인식의 패러다임이나 방법론보다는 자연적인 사유양식을 존중한다. 자연적인 관점을 가진다는 것은 그만큼 인간과 삶에 대해 유연하고 관대한 사유와 관점이 가능하다는 것을 의미한다. 인간의 언어는 늘 "입속에 칼을 물고" 사는 것처럼 위험하다. 그래서 "목젖을 벌릴 때마다" "뉘 가슴에 상처가 되고 눈물이" 될까 두렵고, "더러 내 심장에도 꽂"힐까 두렵다. 그러나 자연계의 언어는 "숲속 날아든 새"처럼 "진종일 입 벌려 노래"해도 타인에게 상처가 되지 않고, 말을 못할망정, 무명의 들꽃일지언정 "인정의 빛깔로 피고" 진다. 물론 여기에서 '새'나 '꽃'은 시적 정서의 주체적 정서의 표출 요소라기보다는 인간 언어 세계의 병리학 현상을 이해하기 위한, 자연이 함의하고 있는 순리, 질서의 상관물로 읽힌다. 따라서 이 문제는 단순히 인간 언어와 자연 언어의 간극의 문제라기보다는 인간의 언어 그 자체로서는 도저히 해결될 수 없는 근원적 이해 결핍의 인간적 속성과 연관되어 있음을 제시한다. 이것을 자연 언어 차원에서 사유한다면 인간 사회를 구성하는 수많은 요소들과 사연은 삭제되어야 할 것이다. 그러나 김회권은 "오늘도 예사로 무시로 튕겨져 나가는" 인간의 언어를 무조건 삭제하는 것이 아니라, "짱돌 하나 집어 들어" 칼이 되지 않도록 해야겠다고 의지를 다진다.

  자연의 속성을 통해 인간의 삶의 방향을 제시해온 시인은 다음의 시에서도 확실하게 자신의 시적 태도를 보인다.

    짜아식, 꼬여도 단단히 꼬였군

한 점 비집고 파고들
구멍 하나 없군

저 살아온 역사가 온통 남 휘감는 짓이라
옭아맬 무어면 감고 휘돌아
평생을 펼 줄 모르는군

그런 고약한 놈이 말년 철들었나
제 곽곽한 삶이 역겨웠나
땡볕 쏟아지는 한낮에
은근 슬쩍 담장 밖으로 몸 내밀어
삐딱하니 꼬이고 비틀어진 제 몸뚱이에서
먹물 짜내듯
차고 서늘한 것을 펼쳐놓지 않는가

오가며 더위 먹은 사람들 한데 불러
달궈진 볕 가실 때까지
젖은 옷 눅눅해질 때까지
잠시 쉬어가라,
생전 없던 인심을 후하게 쓰는 거다

—「등나무」 전문

등나무의 속성은 감는 일이다. 그뿐만 아니라 등나무는 주위의 다른 나무들과 정정당당한 경쟁을 하여 삶의 공간을 확보하는 것이 아니라 다른 나무의 등걸을 감거나 타고 올라가 이웃 나무의 광합성 공간을 침범한다. 그래서 예로부터 사람들은 그 자람의 방식을 못마땅하게 생각했다. "저 살아온 역사가 온통 남 휘감는 짓이라/옭아맬 무어면 감고 휘"도는 특성이 소인배 같다 하였다. 그러나 "그런 고약한 놈"도 "제 팍팍한 삶이 역겨웠"는지 5월이 되면 여기저기에서 연보랏빛의 아름다운 꽃을 주렁주렁 매달고 짙푸른 잎을 잔뜩 펼쳐 햇볕을 피할 수 있는 그늘을 만들어준다.

시인은 등나무의 속성을 통해 인간의 이기적인 삶을 환기시킨다. 타자에 의지하여 살아가는 소인배 같은 등나무도 때가 되면 타자를 위해 베푸는 속성을 드러냄으로써 자연스럽게 인간의 이기적인 속성과 충돌시키는 효과를 거둔다. 시인의 이러한 시적 전략은 일상적 세계를 새롭게 읽어내게 할 뿐만 아니라, 시인의 시세계에서 중요한 동력으로 작용한다.

3. 다시 꿈꾸는 일상으로

지금까지 김회권의 시를 지배하는 '인간적' 리얼리즘으로 빚는 주체의 해방이 그의 시세계에 어떤 의미로 포섭되고 배제되는지 살펴보았다. 인간에 대한 탐구는 김회권에게 즐거운 놀이이다. 인간에 대한 탐구는 누구에게나 흥미로운 주제이지만 김회권의 시에 있어서 그것은 인간과 사회와 자연과의 관계망이 교묘하게 직조되면서 무늬를 만들어낸다. 김회권은 인간 본연의 속성에 내재되어 있는 따듯한 사랑으로 접근하여 이러한 관계망 속에서 인간의 삶의 방향이 어떻게 진행되어야 하는지를 제시한다. 이러한 의식은 개인의 삶을 풍요롭게 하고 나아가 공동체적 삶의 이상을 실현하고자 하는 실천 의식이기도 하다. 그의 이러한 의식은 주로 소시민들의 삶을 내려다보는 관점에서가 아니라 본능적으로 그들과 동화되는 삶 속에서 두드러지게 나타난다.

김회권은 한 치도 벗어날 수 없는 보편적인 삶의 구조에서 현실을 직시하면서 정감 있는 방언으로, 포복절도할 위트로, 천연덕스러운 능청스러움으로 시적 전략을 구사한다. 각박한 세상을 건너는 이러한 그의 시세계는 인간과 자연의 세계를 정서적 표출로 삼는 일반적인 서정의 방식과는 달리, 대상에 대한 철학적, 심미적 통찰을 통한 가치 추구적인 세계로 서정시의 외연을 확장하는 데 중요한 동력이 될 것이다.

시가 일상과 사물에서 새로운 세계를 창조해내는 산물이라 할 때, 시는 사물의 본질로 나아가지 않으면 생명력을 얻기 힘들다. 독자들은 늘 생명력 있는 특성을 요구한다. 시인들에게 생명력은 문학적 상상력과 심미적 통찰에서 얻어진다. 험한 세상에서 절망하지 않고 자폐된 내밀함으로 칩거하지 않기 위해서는 시인은 늘 새로운 세계로 비약하려는 야성을 담지해야 하는 이유이기도 하다. 그런 의미에서 김회권의 네 번째 시집 『뜨거운 건 왜 눈물이 날까』는 문학적 상상력과 심미적 통찰을 통하여 일상의 삶을 감칠맛 나게 드러내기도 하고, 그 이면을 성찰하고 사유하면서 존재론적 의미를 다시 확인하게 한다. 그의 시적 메시지를 독자들은 멋있게 접수하며 그의 시 세계가 개인의 삶은 물론 사회가 긍정적으로 아름답게 발전하게 하는 위대한 힘으로 자리 잡기를 기대한다.

이 도서의 국립중앙도서관 출판시도서목록(CIP)은 서지정보유통지원시스템 홈페이지
(http://seoji.nl.go.kr)와 국가자료공동목록시스템(http://www.nl.go.kr/kolisnet)에서
이용하실 수 있습니다.(CIP제어번호: CIP2019031307)

문학의전당 시인선 0311

뜨거운 건 왜 눈물이 날까

ⓒ 김회권

초판 1쇄 인쇄	2019년 8월 16일
초판 1쇄 발행	2019년 8월 23일
지은이	김회권
펴낸이	고영
책임편집	서윤후
디자인	헤이존
펴낸곳	문학의전당
출판등록	제2017-000002호
주소	서울시 마포구 마포대로 11길 91, 3층
전화	02-852-1977 팩스 02-852-1978
전자우편	sbpoem@naver.com

ISBN 979-11-5896-431-3 03810

* 이 책의 판권은 지은이와 문학의전당에 있습니다.
* 양측의 서면 동의 없는 무단 전재 및 복제를 금합니다.
* 잘못 만들어진 책은 바꿔드립니다.
* 이 시집은 2019 광주문화재단 지역문화예술특성화사업으로
  지원받아 제작되었습니다.